LES ARGUMENTS DE ZÉNON D'ÉLÉE

CONTRE LE MOUVEMENT

PAR

CHARLES DUNAN

Docteur ès-lettres
Professeur de Philosophie au Collège Stanislas

PARIS
ANCIENNE LIBRAIRIE GERMER BAILLIÈRE ET
FÉLIX ALCAN, ÉDITEUR
108, BOULEVARD SAINT-GERMAIN, 108

1884

LES ARGUMENTS DE ZÉNON D'ÉLÉE

LES ARGUMENTS
DE ZÉNON D'ÉLÉE

CONTRE LE MOUVEMENT

PAR

CHARLES DUNAN

Docteur ès lettres
Professeur de Philosophie au Collège Stanislas.

PARIS
ANCIENNE LIBRAIRIE GERMER BAILLIÈRE ET Cie
FÉLIX ALCAN, ÉDITEUR
108, Boulevard Saint-Germain, 108

1884

LES ARGUMENTS
DE ZÉNON D'ÉLÉE

CONTRE LE MOUVEMENT

Les arguments de Zénon d'Élée contre le mouvement ont éprouvé dans l'histoire les fortunes les plus diverses. Que la plupart des sophistes grecs s'en soient inspirés, et Gorgias plus que tous les autres, c'est ce qui n'est pas contestable. Sans parler d'Aristote qui nous les a transmis, et dont les textes à ce sujet sont les plus accrédités, le nombre des philosophes et des commentateurs anciens qui les ont reproduits et discutés est considérable [1]. Dans les

---

1. Citons seulement pour mémoire : THEMISTIUS et SIMPLICIUS dans leurs commentaires de la *Physique* d'Aristote ; FAVORINUS et DIODORE CRONUS ap. DIOG. LAERT. et enfin SEXTUS EMPIRICUS, adv. Math. X, 47.

temps modernes, leur renommée n'a pas été moins grande : Bayle les expose et les défend avec une ampleur extrême et une complaisance visible [1]; Hamilton les croit faux, mais les juge irréfutables [2]; Grote témoigne d'une véritable admiration pour cette dialectique puissante [3]; M. Renouvier écrit de son côté : « La mauvaise humeur que les écrivains ont, en général, manifestée contre ces fables dialectiques, témoigne de l'embarras qu'elles ont causé au dogmatisme, car autrement leur forme aimable et volontairement enfantine eût obtenu grâce pour leur profondeur. Mais il n'est guère de philosophe de renom qui ne se soit arrêté au moins un moment devant elles, hommage bien fait pour étonner, s'il est rendu à de simples sophismes [4]. » M. Evellin est absolument du même avis; il reprend, pour son compte, les arguments de Zénon et les discute, à son point de vue, avec beaucoup de force et de subtilité [5].

Si les admirateurs de la dialectique de Zénon sont nombreux et autorisés, les contradicteurs ne lui ont pas manqué non plus, à commencer

---

[1]. DICTIONNAIRE CRITIQUE, art. *Zénon d'Élée*.
[2]. Voir STUART MILL, *Examen de la philosophie d'Hamilton*, p. 520 et suiv.
[3]. *Plato*, tome I, p. 96 et suiv.
[4]. *Logique*, 2ᵉ édition, tome I, p. 68.
[5]. *Infini et Quantité*, p. 70 et suiv., et aussi p. 92 et suiv.

par Aristote, qui n'expose les arguments du disciple de Parménide que pour les réfuter. Descartes [1], Leibnitz [2], Hegel [3], Victor Cousin [4], Stuart Mill [5], les repoussent également et les réfutent de façons diverses ; et, de nos jours, M. Tannery avoue que « ce n'est point sans quelque dépit qu'il voit essayer de rajeunir au XIX° siècle, un sophisme aussi usé que celui de l'Achille [6]. »

Quoi qu'il en soit, une chose demeure incontestable, en raison même du nombre et de l'autorité des penseurs qui se sont occupés du problème posé par Zénon, c'est que l'importance en est grande. M. Zeller, sans vouloir se prononcer sur la valeur absolue de ces arguments, estime que « l'importance historique en est à coup sûr considérable [7]. » Selon M. Renouvier, leur importance dogmatique serait plus grande encore peut-être. « Le fait est, dit M. Renouvier, que ces *sophismes* occupent, dans l'histoire de la philosophie ancienne, une place analogue à celle que les antinomies de Kant ont prise de nos jours ; et, dans l'ordre de la vérité philoso-

1. *Lettres,* tome I, l. 118.
2. *Dutens,* tome I, p. 238.
3. *Gesch. d. Phil.,* tome I, p. 290 et suiv.
4. *Fragments philosophiques,* p. 106 et suiv.
5. *Examen de la Phil. d'Hamilton,* p. 520 et suiv.
6. *Revue philosophique,* tome XI, p. 562.
7. *Philos. des Grecs.* Trad. Boutroux, tome II, p. 83.

phique, selon moi, une place plus importante qu'ils ne perdront jamais [1]. »

Ainsi, de l'aveu de tout le monde, la question est intéressante, et, si elle donne lieu aujourd'hui encore à tant de controverses, on peut la considérer comme restée ouverte. Il doit donc être permis, même à des nouveaux venus, d'y entrer à leur tour; et c'est ce que nous nous proposons de faire, sans nous dissimuler du reste combien serait vaine de notre part l'espérance de résoudre définitivement un problème aussi épineux.

1. *Logique,* tome I, p. 68.

I

Le stade

Les arguments de Zénon contre le mouvement que rapporte Aristote [1] sont au nombre de quatre. Nous ne nous astreindrons point, pour les étudier, à suivre l'ordre dans lequel Aristote les a présentés, et c'est le quatrième que nous exposerons tout d'abord, parce que son importance est moindre que celle des trois autres, et aussi parce qu'il n'a jamais donné lieu à des discussions bien vives, tout le monde étant d'accord pour le reconnaître erroné [2].

La seule difficulté à laquelle puisse donner lieu cet argument, c'est celle d'une exposition qui soit à la fois exacte et claire. Voyons d'abord le texte d'Aristote :

« Le quatrième argument de Zénon est tiré

---

1. *Physique*, liv. VI, chap. XIV.
2. Sauf peut-être Bayle qui a la prétention d'y découvrir un sens raisonnable.

de masses égales entre elles qui, dans une enceinte donnée, ou dans un stade, marcheraient avec des vitesses égales à l'encontre les unes des autres, et passeraient devant d'autres masses égales à elles-mêmes, venant les unes du milieu, les autres de l'extrémité du stade ; d'où Zénon croit pouvoir tirer cette conclusion qu'un temps donné serait égal au double de lui-même [1]. »

Il est bien certain que ce texte laisse à désirer comme clarté, et les explications dont Aristote l'accompagne n'y jettent pas beaucoup de lumière. Par bonheur, nous avons un commentaire excellent de Simplicius qui dissipe tous les nuages, et qu'il nous suffira de suivre [2]. Voici donc comment Simplicius entend l'argument de Zénon.

Soient deux corps B et C de même dimension marchant avec des vitesses égales, en sens inverse l'un de l'autre, et passant au moment même de leur rencontre devant un troisième corps A, de même dimension qu'eux, mais im-

---

[1]. « Τέταρτος δ'ὁ περὶ τῶν ἐν τῷ σταδίῳ κινουμένων ἐξ ἐναντίας ἴσων ὄγκων παρ' ἴσους, τῶν μὲν ἀπὸ τέλους τοῦ σταδίου, τῶν δ' ἀπὸ μέσου, ἴσῳ τάχει, ἐν ᾧ συμβαίνειν οἴεται ἴσον εἶναι, χρόνον τῷ διπλασίῳ τὸν ἥμισυν.

[2]. Bayle donne aussi un commentaire probablement inspiré de Simplicius, un peu confus et long à la vérité, mais exact pour le fond.

mobile. Il est évident que les deux corps B et C mettront à passer l'un devant l'autre moitié moins de temps qu'il ne leur en faudra pour passer devant le corps A. D'autre part, Zénon pose en principe que le temps nécessaire pour passer devant un corps avec une vitesse donnée est proportionnel à la dimension de ce corps, de sorte que, suivant lui, le corps C par exemple devra mettre le même temps pour passer devant le corps B que pour passer devant le corps A, puisque A et B ont même dimension, par hypothèse ; d'où il conclut que le temps nécessaire à C pour passer devant A est double du temps qui lui est nécessaire pour passer devant B, tout en lui étant égal [1].

Il n'est pas difficile de découvrir où est le vice de l'argument. Zénon prend pour accordé que le temps nécessaire pour passer devant un corps

---

1. Un exemple concret rendrait peut-être la chose plus claire encore : on peut proposer celui-ci que nous n'empruntons ni à Aristote ni à Simplicius.

Soient deux trains de chemin de fer B et C, ayant tous deux même longueur, marchant avec même vitesse, venant l'un de Paris, l'autre de Chartres, et se rencontrant justement au milieu de la gare de Rambouillet, laquelle nous supposerons être de même longueur que chacun d'eux. A partir du point de rencontre, la tête de la locomotive de chacun des deux trains passera à la fois devant la moitié non encore parcourue de la gare, et devant l'autre train tout entier, pour arriver en même temps à l'extrémité de l'un et de l'autre. Voilà ce que Zénon déclare absurde, se fondant sur ce que la longueur de chaque train est double de la longueur de la moitié de la gare.

de dimension donnée avec une vitesse donnée est le même, que ce corps soit en mouvement ou non. Or c'est là une absurdité manifeste, tellement manifeste même, que l'on est en droit de se demander si Zénon, en proposant cette difficulté, parlait sérieusement, ou s'il cherchait seulement, comme il arrivait trop souvent aux Grecs, à enlacer ses adversaires dans quelque sophisme spécieux mais absurde. M. Zeller le croit de bonne foi, et pense que « l'illégitimité d'une pareille méthode a fort bien pu échapper au philosophe qui a le premier réfléchi, à un point de vue aussi général, sur les lois du mouvement ; surtout si ce philosophe était, comme Zénon, convaincu d'avance que cette analyse devait le mener à des contradictions [1]. »

Quoiqu'il en soit, l'inanité de l'argument est assez évidente pour que nous puissions nous dispenser d'insister davantage.

---

[1]. *Philosophie des Grecs*, trad. Em. Boutroux. Tome II, p. 82.

II

La flèche qui vole.

Les trois autres arguments de Zénon sont, dans l'ordre où les donne Aristote :

1° L'impossibilité de franchir un espace quelconque, parce qu'il faudrait commencer par franchir la moitié de cet espace. Cet argument est appelé *la Dichotomie*.

2° L'argument connu sous le nom de *l'Achille*.

3° L'argument connu sous le nom de *la Flèche qui vole*.

Nous les examinerons successivement dans l'ordre inverse de celui qu'a adopté Aristote.

Le texte grec de *la Flèche qui vole* est ainsi conçu : Εἰ ἀεὶ ἠρεμεῖ πᾶν ἢ κινεῖται, ὅταν ᾖ κατὰ τὸ ἴσον, ἔστι δ'ἀεὶ τὸ φερόμενον ἐν τῷ νῦν, ἀκίνητον τὴν φερομένην εἶναι ὀϊστόν.

Dans la discussion qu'il donne de cet argument, M. Renouvier propose de supprimer les deux mots ἢ κινεῖται qu'il suppose avoir été introduits dans le texte par un copiste inintelligent, et il traduit [1] :

« Si toujours une chose est en repos quand elle est dans un espace égal à elle-même, et si toujours un mobile est à chaque instant dans un espace égal à lui-même, la flèche qui vole est immobile. »

La suppression des mots ἢ κινεῖται que demande M. Renouvier nous semble, à dire vrai, impossible à admettre, et Simplicius, qui les conserve, donne à l'argument une interprétation qui peut satisfaire. « Zénon, dit Simplicius, ayant posé en principe que tout ce qui est dans un espace égal à soi-même est en repos ou en mouvement, qu'il n'y a point de mouvement dans l'instant indivisible, et enfin, qu'à tout instant, l'objet qui se déplace est dans un espace égal à lui-même, paraît avoir raisonné ainsi : la flèche qui vole est à tout instant dans un espace égal à elle-même, et de même dans le temps qui est composé d'instants ; mais ce qui, dans l'instant présent, est dans un espace égal à soi-même ne se meut point, donc il est en repos ; puisque, d'une part, il n'y a point de mouvement dans l'instant, et que, d'autre part, ce qui ne se meut point est en repos, attendu que tout doit être

---

1. *Essais de critique générale. Logique*, tome I, p. 70.

en repos ou en mouvement. La flèche qui vole est donc en repos pendant tout le temps de sa course [1]. »

M. Zeller à qui nous empruntons ce texte de Simplicius [2], trouve que la déduction dans ce passage manque de rigueur, et se montre disposé à supprimer les mots ἢ κινεῖται, et à entendre l'argument de Zénon comme M. Renouvier. Il est vrai que Simplicius a présenté son raisonnement sous une forme un peu confuse, mais on peut, à ce qu'il semble, le formuler d'une manière très claire en lui donnant par exemple la forme d'un polysyllogisme, comme il suit :

L'objet qui est dans un espace égal à lui-même est nécessairement en repos ou en mouvement ; or le mobile est à tout instant dans un espace égal à lui-même, donc il est à tout instant en repos ou en mouvement. Mais, dans

---

1. Ὁ δὲ Ζήνωνος λόγος προλαβὼν ὅτι πᾶν ὅταν ᾖ κατὰ τὸ ἴσον ἑαυτῷ ἢ κινεῖται ἢ ἠρεμεῖ, καὶ ὅτι οὐδὲν ἐν τῷ νῦν κινεῖται, καὶ ὅτι τὸ φερόμενον ἀεὶ ἐν τῷ ἴσῳ αὑτῷ ἐστι καθ' ἕκαστον νῦν, ἔοικεν συλλογίζεσθαι οὕτως· τὸ φερόμενον βέλος ἐν παντὶ νῦν κατὰ τὸ ἴσον ἑαυτῷ ἐστιν, ὥστε καὶ ἐν παντὶ τῷ χρόνῳ· τὸ δὲ ἐν τῷ νῦν κατὰ τὸ ἴσον ἑαυτῷ ὂν οὐ κινεῖται, ἠρεμεῖ ἄρα, ἐπειδὴ μηδὲν ἐν τῷ νῦν κινεῖται, τὸ δὲ μὴ κινούμενον ἠρεμεῖ, ἐπειδὴ πᾶν ἢ κινεῖται ἢ ἠρεμεῖ· τὸ ἄρα φερόμενον βέλος ἕως φέρεται ἠρεμεῖ κατὰ πάντα τὸν τῆς φορᾶς χρόνον. (Simplicius, 236 b.)

2. *Philosophie des Grecs.* (Traduct. Em. Boutroux, tom. II, p. 79.)

l'instant indivisible, il n'y a point de mouvement ; donc, à chaque instant de sa course, le mobile est en repos.

La différence capitale entre l'interprétation que nous combattons et celle que nous présentons ici appuyée sur un texte de Simplicius, consiste en ce que, d'après M. Renouvier, le *nervus probandi* de Zénon serait ce principe qu'un corps est toujours dans un espace égal à lui-même, tandis que, pour nous, la base de l'argument c'est que le mouvement ne peut se produire dans l'instant indivisible. Ces deux propositions sont également certaines et incontestables ; mais, en partant de la première, on doit invoquer encore, avant de conclure, cet autre principe que tout ce qui est dans un espace égal à soi-même est en repos. On dit : la chose est évidente ; nous disons nous : c'est la question même. « C'est le concept du repos, » dit M. Renouvier. Nous répondons : le concept du repos, c'est la permanence des relations dans l'espace avec un point donné supposé fixe. Si l'on pose en axiome qu'un corps qui demeure dans un espace égal à lui-même est en repos, comme il est certain qu'un corps occupe toujours une portion de l'espace égale à lui-même, il en résultera sans conteste qu'il n'y a point de mouvement. Mais ce raisonnement n'implique-t-il pas une véritable pétition de principe ; attendu que les partisans de la réalité objective du mouvement, qui accorderont à coup sûr qu'un corps est toujours dans un espace égal à lui-même, n'accorderont jamais au contraire qu'être dans un espace égal à soi-même ce soit la même chose qu'être en repos ?

M. Zeller qui pense également qu'il convient de supprimer les mots ἢ κινεῖται, mais qui entend le texte d'Aristote autrement que M. Renouvier, échappe à tout reproche de pétition de principe. M. Zeller traduit εἶναι κατὰ τὸ ἴσον par « être dans le même espace qu'auparavant, ne pas changer de place. » Le raisonnement est alors celui-ci : Ce qui ne change point de position dans l'espace ne se meut point ; or la flèche qui vole ne change point de position dans l'espace à un instant donné de son déplacement ; donc, etc ; ce qui revient absolument à l'interprétation de Simplicius telle que nous l'avons adoptée, puisqu'ici, comme chez Simplicius, la preuve repose sur l'impossibilité du mouvement dans l'instant indivisible. Le raisonnement tel que le donne M. Zeller est irréprochable comme celui du commentateur grec ; toute la question est de savoir lequel des deux est le plus conforme au texte d'Aristote. Le savant historien de la *Philosophie des Grecs* prétend que son interprétation du εἶναι κατὰ τὸ ἴσον est celle de Themistius et de Simplicius. Pour Simplicius, nous croyons avoir montré qu'il se trompe. Quant à Themistius, voici comment il paraphrase le texte d'Aristote: « Si, disait Zénon, une chose est en repos quand elle occupe un espace égal à elle-même, et si tout mobile occupe toujours un espace égal à lui-même, la flèche qui vole est immobile [1]. » Notons en passant que cette façon d'entendre l'argument est précisément celle de M. Renouvier à qui Themistius semble bien ici donner raison ; mais il n'en est rien, car le commentateur ajoute un peu plus loin : « en effet, tout mobile occupe toujours, *dans l'instant présent, un espace égal à lui-même* [2]. » Ce qui va directement à l'encontre et de l'interprétation de M. Renouvier, et de la traduction de M. Zeller.

Themistius entend donc bien comme nous le εἶναι κατὰ τὸ ἴσον. Au reste, il faut reconnaître que la divergence de l'interprétation de M. Zeller avec la nôtre qui est celle de Simplicius est absolument sans importance, puisque nous som-

---

1. Εἰ γὰρ ἠρεμεῖ, φησιν, ἅπαντα ὅταν ᾖ κατὰ τὸ ἴσον αὑτῷ διάστημα, ἔστι δὲ ἀεὶ τὸ φερόμενον κατὰ τὸ ἴσον ἑαυτῷ διάστημα, ἀκίνητον ἀνάγκη τὴν ὀϊστὸν εἶναι τὴν φερομένην. (Them. p. 55 b. au bas p. 392.)

2. Ἀεὶ μὲν γὰρ ἕκαστον τῶν κινουμένων ἐν τῷ νῦν τὸ ἴσον ἑαυτῷ κατέχει διάστημα. (Themistius, p. 56 à 394.)

mes d'accord sur le fond et sur la signification vraie de l'argument. Avec M. Renouvier le différend serait plus grave, puisque, comme nous l'avons fait remarquer, la base de la preuve n'est plus la même. Mais, outre que Zénon aurait commis une pétition de principe en prenant pour accordé « qu'un corps est en repos quand il est dans un espace égal à lui-même, » l'interprétation de M. Renouvier est en opposition formelle avec celle d'Aristote et de tous les commentateurs anciens, qui sont unanimes à reconnaître que l'argument de Zénon suppose la composition du temps au moyen d'instants indivisibles [1].

[1]. La discussion qui précède est de nature à donner lieu à un malentendu qu'il importe de prévenir. M. Renouvier, dans sa traduction du texte d'Aristote, supprime les mots ἢ κινεῖται puis, cette suppression faite, il traduit très correctement à notre avis. Malheureusement, à ne consulter que le texte tel qu'il le donne, la base de l'argument serait que « tout ce qui est dans un espace égal à soi-même est en repos » ; et c'est contre cette interprétation de la pensée de Zénon que nous nous sommes élevé. Cependant, et en cela il ne nous semble pas absolument d'accord avec lui-même, M. Renouvier entend en réalité *la Flèche qui vole* absolument comme Aristote, comme tous les commentateurs, et comme nous-même ; c'est-à-dire qu'il fait reposer l'argument sur ce que le mouvement ne peut se produire dans l'instant indivisible, et la discussion qu'il entame ne laisse pas le moindre doute à cet égard. C'est donc au texte présenté par le savant auteur et à l'interprétation qui semble devoir logiquement résulter de ce texte, beaucoup plutôt qu'à sa pensée vraie, que nous avons cherché querelle. S'il eût conservé les mots ἢ κινεῖται, il eût présenté un texte qui s'accommodait parfaitement bien avec sa réelle manière de voir, et qui ne courait aucun risque de donner le change sur le sens qu'il attribuait à l'argument.

Ainsi, tant au point de vue philologique qu'au point de vue de l'argument même, nous croyons devoir conserver en entier le texte d'Aristote, et expliquer comme nous l'avons fait. La flèche qui vole est immobile, parce qu'elle est *toujours* dans un instant donné [ἀεὶ ἐν τῷ νῦν] ; parce que dans un instant donné quelconque elle est immobile, et parce qu'enfin une série de positions d'immobilité ne peut pas constituer un mouvement.

Mais, remarquons-le bien, le raisonnement de Zénon, pour être juste, implique que ces positions d'immobilité, et par conséquent que les instants dans lesquels elles ont lieu n'aient point entre eux d'intervalles, parce que le mouvement pourrait se produire précisément entre deux instants successifs, entre deux positions d'immobilité consécutives. Il résulte de là que, dans la pensée de Zénon, le temps devait être formé d'une série d'instants rigoureusement contigus. Ces instants étaient-ils en nombre fini ou infini dans un espace de temps donné ?

M. Zeller qui supprime aussi les mots ἢ κινεῖται, ne donne pas cependant lieu de croire qu'il ait perdu de vue le sens véritable de l'argument ; mais c'est que, cette suppression faite, il traduit d'une façon qui, comme nous pensons l'avoir montré, ne semble pas tout à fait correcte. Pour éviter l'écueil qu'a rencontré M. Renouvier, et aussi celui où s'est heurté M. Zeller, la conservation des deux mots grecs qu'ils ont cru devoir supprimer paraît donc indispensable.

Il est évident qu'ils devaient être plutôt en nombre infini, puisque la durée de chacun d'eux est nulle, et que, pour lever en apparence la contradiction qu'il y a à composer une durée réelle au moyen d'instants qui sont des zéros de durée, il faut à tout le moins multiplier ces instants à l'infini. Mais Zénon ne paraît pas s'être posé nettement la question. Il semble que dans la *Flèche* il ait admis implicitement l'infinité des éléments de la durée, tandis que, dans l'*Achille*, il raisonne, ainsi que nous allons le voir, comme si les instants composants de toute durée donnée étaient en nombre fini.

Tel est l'argument. Il reste à en faire la critique. Mais la critique en est toute faite, et nous n'avons qu'à nous reporter à Aristote : « Le raisonnement suppose, dit Aristote, que le temps est pris comme composé d'instants ; car, si on n'accorde pas cela, le raisonnement n'existe plus. » Mais cela ne peut-être accordé, « parce que le temps n'est point composé d'indivisibles, non plus qu'aucune autre grandeur. » Ainsi l'argument, au point de vue purement logique, est bon ; métaphysiquement, il ne vaut rien, parce qu'il repose sur une base inacceptable, la composition du temps par des instants consécutifs en nombre infini.

III

L'Achille.

Voici, d'après Aristote, comment Zénon formulait son argument de l'*Achille :*

« Le plus lent ne sera jamais atteint, en courant par le plus rapide, car il faut auparavant que celui qui poursuit soit parvenu au point d'où est parti celui qui fuit; de sorte que le plus lent aura nécessairement toujours quelque avance [1]. »

Si l'on veut bien se donner la peine de passer en revue toutes les critiques qui ont été faites de cet argument par Aristote, par Descartes, par Leibnitz, par Stuart Mill, par M. Tannery, on verra qu'elles ne sont toutes que des développements de cette objection capitale, que

---

1. « Τὸ βραδύτερον οὐδέποτε καταληφθήσεται θέον ὑπὸ τοῦ ταχίστου· ἔμπροσθεν γὰρ ἀναγκαῖον ἐλθεῖν τὸ διῶκον, ὅθεν ὥρμησε τὸ φεῦγον· ὥστ'ἀεί τι προέχειν ἀναγκαῖον τὸ βραδύτερον. » (*Physique, loc. cit.*)

Zénon raisonnant sur l'indéfinie divisibilité de l'espace ne tient pas compte de l'indéfinie divisibilité parallèle du temps. D'autre part, tout ce qu'ont dit pour sa défense les partisans du philosophe Éléate, et particulièrement Hamilton, Grote, MM. Renouvier et Evellin, peut se résumer en ceci : La question porte séparément sur l'espace et sur le temps, le mouvement dans l'espace et la continuité du devenir dans le temps donnent lieu à des difficultés identiques, et ce n'est pas lever l'inintelligibilité d'une chose que de l'expliquer par une autre chose inintelligible au même titre.

Pour nous, nous devons avouer de suite que, dans cette discussion au sujet de l'*Achille,* la logique et la vérité nous paraissent être pleinement du côté des adversaires de l'argument; ce qui ne veut pas dire d'ailleurs que nous approuvions sans réserve les raisons invoquées par ces derniers à l'appui de leur thèse ; aussi nous efforcerons-nous d'en produire d'autres.

A quelque point de vue qu'on l'envisage, on n'aperçoit que deux manières d'interpréter l'*Achille,* ou plutôt d'en poser les bases. Dans la *Flèche* que nous venons d'étudier, Zénon niait que le mouvement pût avoir lieu dans l'élément du temps, c'est-à-dire dans l'instant indivisible ; et nous avons vu que cette proposition était la base même de son argumentation. Dans l'*Achille* au contraire, il accorde qu'un déplacement du mobile puisse avoir lieu dans l'instant indivisible ; et ce qu'il se propose de montrer, c'est que, dans cette hypothèse même, la seule à son avis par laquelle il soit possible d'expliquer la réalité du mouvement, le mouvement rationnellement interprété devrait être autre qu'il ne nous est donné dans l'intuition sensible, et tel qu'Achille courant après une tortue ne devrait jamais l'atteindre. Du reste, il est évident que cette hypothèse ne permet plus de considérer une durée limitée comme composée d'instants en nombre infini, puisque, s'il en était ainsi, l'espace parcouru par le mobile dans l'instant indivisible devrait, étant répété un nombre infini de fois, constituer, quelque petit qu'il pût être, un espace total d'une grandeur infinie pour une durée réelle quelconque. Il est donc certain que le temps, dans l'*Achille,* est pris comme composé d'instants en nombre fini ; non pas sans doute que, dans la pensée de Zénon, une pareille conception du temps fût admissible en elle-même, mais elle dut lui paraître s'imposer à quiconque admettrait la réalité du mouvement, fût-ce hypothétiquement, et dans le dessein d'en montrer l'absurdité. Ajoutons en passant que l'*Achille* ainsi compris a des rapports d'étroite parenté avec l'argument du *Stade,* le dernier des quatre que rapporte Aristote, puisque l'un et l'autre tendent au même but, prouver que le mouvement tel qu'il est donné dans la représentation est en opposition avec la raison.

Telles sont donc, à notre avis du moins, les véritables bases du raisonnement de Zénon dans l'*Achille*. Or, en l'entendant ainsi, il est incontestable que l'argument est faux ; et cela par la raison que la distance entre Achille et la tortue diminuant à chaque moment de la course, de l'aveu de Zénon lui-même, il viendra nécessairement un moment où cette distance sera moindre que l'amplitude du déplacement d'Achille dans un instant de la durée, — puisque ce déplacement est supposé réel et fini ; — d'où il résulte qu'à ce moment-là la tortue sera prise.

Mais il y a, disons-nous, une autre manière de poser l'argument, c'est d'admettre que le temps y est pris comme continu. Cette interprétation est en particulier celle de M. Renouvier, qui pense comme nous que l'*Achille* et la *Flèche* sont destinés à se compléter réciproquement, mais qui les oppose l'un à l'autre en ce que, suivant lui, le temps serait pris discontinu dans la *Flèche* et continu dans l'*Achille,* tandis qu'à notre avis il serait formé d'instants en nombre infini dans la *Flèche*, et d'instants en nombre fini dans l'*Achille*. Laissons de côté pour le moment les objections que l'on pourrait formuler contre l'interprétation de l'*Achille* par M. Renouvier, d'autant plus que nous aurons occasion d'y revenir plus tard, et disons de suite que l'argument ainsi entendu est encore absolument faux.

Pour le prouver, nous n'aurons point recours à la considération de l'indéfinie divisibilité du temps parallèle à celle de l'espace, objection que personne, que nous sachions, n'a jamais présentée sous une forme claire, et dont nous ne voyons pas bien en définitive quel parti l'on pourrait tirer. Il nous suffira de faire une remarque bien simple, et qu'un enfant comprendrait immédiatement : c'est que, si la tortue, dans un temps donné, a parcouru un certain espace, rien n'empêche de supposer qu'Achille possède une vitesse assez grande pour pouvoir dans le même temps franchir d'abord la distance qui le séparait d'elle, puis la distance qu'elle a parcourue, et même une distance beaucoup plus grande, de sorte qu'en passant il aura mis la main sur elle.

Nous avons signalé deux interprétations possibles de l'*Achille*, et nous venons d'établir que, quelle que soit celle des deux que l'on choisisse, l'argument est faux ; mais n'en existerait-il pas une troisième? Non, dirons-nous, et voici pourquoi. Relativement au temps, trois hypothèses seulement sont possibles : ou bien le temps est composé d'un nombre infini d'instants, et dans ce cas il ne peut pas y avoir de mouvement du tout, ainsi que la *Flèche* a pour objet de le montrer, de sorte qu'il ne faut plus parler de la course d'Achille et de la tortue ; ou bien le temps est composé d'instants en nombre fini ; ou bien il est continu, c'est-à-dire qu'il n'est pas composé du tout, et, dans ces deux derniers cas, le mouvement demeure possible, la course d'Achille et de la tortue peut avoir lieu, mais alors l'argument est faux pour les raisons que nous avons dites. Les deux interprétations de la pensée de Zénon que nous avons envisagées étaient donc les deux seules possibles, et nous pouvons tenir notre réfutation pour complète.

Mais quels arguments les partisans de l'*Achille* produisent-ils donc en sa faveur? Nous l'avons dit, ils se fondent sur l'impossibilité qu'il y a à épuiser un nombre infini et qui serait donné effectivement de divisions soit dans le temps soit dans l'espace.

M. Renouvier accepte la conclusion de l'*Achille*, « parce que le concept d'une quantité continue étant le même que celui de l'addition de parties indéfinies, ou de la soustraction de parties inépuisables, il est absurde de supposer que l'indéfini a une fin, que l'inépuisable s'épuise, que l'innombrable se compte, ou enfin que l'imparcourable se parcourt, car tout cela est la même chose 1. » Le même philosophe répond un peu plus loin à l'objection de Leibnitz *qu'il n'y a pas besoin d'épuiser les divisions de l'espace, et qu'un espace divisible sans fin se passe aussi dans un temps divisible sans fin* : « Le besoin de les épuiser, à savoir de quelque manière intelligible à l'entendement qui les pense inépuisables, résulte de la supposition que fait Leibnitz lui-même de leur épuisement accompli dans l'ordre de la nature ; et encore, si un espace *se passe*, quoique posé tel, par hypothèse, qu'il ne se puisse passer, le mystère n'est nullement amoindri par cette remarque qu'il se passe en même temps un temps qui ne se peut passer, c'est-à-dire qu'il se nombre un autre nombre qui ne se peut nombrer 2. » Plus loin encore, M. Renouvier ajoute comme réfutation de Stuart Mill : « Le temps et l'espace n'ont d'autre emploi dans l'argument (de Zénon) que celui que pourrait y prendre une quantité continue quelconque; et tout ce

---

1. *Logique*, p. 72.
2. *Logique*, p. 76.

que la démonstration prétend, c'est de faire ressortir la contradiction entre l'indéfinité des intermédiaires et la possibilité de les épuiser[1]. »

M. Evellin, de son côté, pressé par M. Tannery qui lui prouve que la tortue marchant indéfiniment sera atteinte par Achille quand elle aura parcouru le neuvième de l'avance initiale[2], accorde sans difficulté le raisonnement de son adversaire ; mais il se récrie sur ce que la tortue est supposée *marcher indéfiniment*; et il soutient que la tortue « ne peut pas franchir un espace dont les subdivisions seraient en nombre indéfini[3]. » C'est affirmer bien clairement qu'elle ne bougera pas de place. Nous ne disons pas le contraire ; mais est-ce là la teneur de l'*Achille* qui au contraire suppose expressément le mouvement des deux personnages? Le même philosophe prétend que les adversaires de l'argument en entendent mal le sens. « Nous demandons *comment*, dit M. Évellin, [la rencontre pourra se faire], et l'on nous répond comme si nous demandions *quand*[4]. » Mais il nous semble au contraire que la vraie question, c'est la question du *quand* et non celle du *comment*; celle du *comment* ne se pose même pas. Les deux

---

1. *Logique*, p. 77.
2. Sa vitesse étant supposée dix fois moindre que celle d'Achille.
3. *Revue philosophique*. Mai 1881.
4. *Infini et Quantité*, p. 71.

coureurs se rencontreront *en courant*, cela est assez clair.

« Mais, dit encore M. Évellin, Zénon, dans l'*Achille,* n'accorde pas le mouvement [1]. — Et, s'il ne l'accorde pas, pourquoi fait-il *courir* Achille et la tortue ? Que Zénon ailleurs et par d'autres arguments ait tenté de prouver que le mouvement est impossible et contradictoire en soi, nous ne le nions pas ; mais, dans l'*Achille,* il l'accorde, autrement l'argument n'a plus de sens, et il s'agit de démontrer, non plus qu'Achille n'atteindra pas la tortue, mais que tous deux demeureront indéfiniment immobiles. Dire qu'Achille n'atteindra pas la tortue, c'est bien dire qu'il se meut, ou les mots n'ont plus de signification. Une chose d'après cela est évidente, c'est que les défenseurs de l'*Achille* l'identifient d'une façon absolue avec le troisième argument de Zénon, la *Dichotomie,* d'après lequel le mouvement serait effectivement impossible, et les deux coureurs seraient condamnés à ne jamais bouger de place [2].

Exposons donc ce troisième argument, et

---

[1]. *Revue philosophique.* Mai 1881.
[2]. Du reste en cela nous ne supposons rien. Cette identité pour le fond de l'*Achille* et de la *Dichotomie* est expressément affirmée par MM. Renouvier et Evellin, et par bien d'autres auteurs encore, ainsi qu'on le verra plus loin.

voyons si l'on est bien fondé à considérer l'*Achille* comme lui étant identique pour le fond, ainsi que le prétendent les deux savants auteurs que nous avons mis en cause.

IV

L'Achille et la Dichotomie

Voici comment Aristote formule l'argument de la *Dichotomie*:

« Il n'y a point de mouvement, parce qu'il faut que le mobile arrive au point milieu de son parcours avant d'arriver au point extrême [1]. » Pour compléter l'argument, il convient d'ajouter, qu'avant d'arriver à ce point milieu, il faudra que le mobile arrive à la moitié de la distance de son point initial à ce point milieu, puis à la moitié de cette moitié, etc.

M. Renouvier expose d'une façon un peu différente ce troisième argument. « Dans le parcours d'une ligne continue, dit-il, la moitié doit toujours être parcourue avant le tout, puis le quart avant la seconde moitié, puis le hui-

---

[1]. « Μὴ κινεῖσθαι διὰ τὸ πρότερον εἰς τὸ ἥμισυ δεῖν ἀφικέσθαι τὸ φερόμενον ἢ πρὸς τὸ τέλος. » (*Loc. cit.*)

tième avant le troisième quart, et ainsi de suite sans fin ². » Ainsi, d'après le savant auteur, la *Dichotomie* aurait pour objet de prouver, non pas qu'il n'y a pas de mouvement du tout ³, et que tout mouvement réalisé dans l'absolu serait une contradiction, mais bien qu'Achille n'atteindra jamais le point d'où la tortue est partie, puisqu'il faudrait qu'il franchît d'abord la moitié de l'intervalle, puis la moitié de la moitié suivante, et ainsi de suite sans fin en raison de la divisibilité de l'espace à l'infini. Sans doute le texte d'Aristote est bien un peu court, mais cette façon de l'interpréter nous paraît inacceptable, et cela pour deux raisons :

1° Il ne faut pas dire : Le mobile devra parcourir d'abord la moitié de l'intervalle, puis la moitié de la seconde moitié, etc ; parce que nous serons en droit d'objecter que cette moitié de la seconde moitié, c'est-à-dire le troisième quart, ne pourra être entamé que lorsque la première moitié aura été parcourue ; or il faudrait d'abord parcourir la moitié de cette moitié, pour laquelle la même difficulté se produirait

---

1. Il doit y avoir là un *lapsus* : c'est le quatrième et dernier quart sans doute que l'on a voulu dire, autrement les idées n'ont plus aucune suite.
2. *Logique*, tome I, p.72.
3. Ce qui est au moins étrange en présence du texte si positif que nous venons de citer : Μὴ κινεῖσθαι, etc.

encore, et ainsi de suite indéfiniment. On revient donc nécessairement à l'interprétation que nous avons donnée nous-même plus haut, d'où il résulte que le mobile ne bougera jamais de place.

2° Le point de départ d'Achille et celui de la tortue peuvent être supposés aussi rapprochés qu'on le voudra, et distants d'une longueur moindre que toute longueur donnée. Or, d'après l'argument tel qu'on l'expose, Achille ne pourra jamais franchir cette distance tout entière ; c'est bien dire qu'il sera rigoureusement immobile.

Ainsi il semble parfaitement établi, d'abord que l'interprétation de la *Dichotomie* par M. Renouvier n'est pas bonne, et ensuite que, dans le cas même où l'on croirait pouvoir l'accepter, elle se ramènerait encore à la nôtre, d'après laquelle l'argument a pour objet d'établir que rien ne peut se mouvoir, que le mouvement est impossible.

Nous sera-t-il permis de prendre pour accordé que la *Dichotomie* tend à prouver que rien ne se meut? Il le semble, et nos adversaires eux-mêmes sont au fond absolument de notre avis, puisque, suivant eux, ce que Zénon veut établir, c'est que le mouvement ne peut être supposé réel sans contradiction. S'il pouvait rester sur ce point le moindre doute, nous n'aurions qu'à renvoyer aux textes cités plus haut [1], qui établissent d'une façon péremptoire la vraie pensée de leurs auteurs. Cela étant, on est en droit de se demander comment la *Dichotomie* qui est la négation même du mouvement, et l'*Achille* qui le suppose d'une façon expresse, ont pu être pris pour un seul et même argument.

Niera-t-on que l'*Achille* suppose le mouvement? Mais le contraire est évident, et, sur ce point encore, nous ne sommes pas d'un autre avis que les défenseurs de l'*Achille*. Par la façon même dont il expose l'argument de la *Dichotomie*, M. Renouvier donne clairement à entendre que, si un mobile ne peut atteindre un point donné, il se meut néanmoins vers ce point; de sorte que, vu l'identité prétendue de la *Dichotomie* et de l'*Achille*, il serait incontestable que ce dernier argument implique le mouvement du fils de Pélée, et sans doute aussi celui de la tortue. Entre vingt passages de l'ouvrage cité plus haut, où il est affirmé nettement que dans l'*Achille* le mouvement est supposé, il nous suffira de citer le texte de l'argument tel que l'éminent auteur le traduit lui-même d'Aristote : « Le plus lent, dans sa course, ne peut à aucun moment être atteint par le plus rapide, car il faut

[1] Pages 24 et suiv.

auparavant que celui qui poursuit soit arrivé là d'où celui qui fuit s'est déjà élancé, de sorte que le plus lent aura nécessairement toujours quelque avance [1]. » Citons encore le commentaire suivant que donne le même auteur de la pensée de Zénon : « Quelque faible que soit l'avance du poursuivi estimée sur une ligne abstraite à parcourir, pendant le moindre temps que le poursuivant emploiera à la combler, le poursuivi en gagnera une nouvelle ; et le poursuivant devra toujours arriver au bout d'une de ces avances avant d'entamer le parcours de la suivante, et *cela se continuera ainsi indéfiniment, en vertu de l'hypothèse de la division indéfinie du temps et de l'espace* [2]. »

Ces textes sont assez clairs, à ce qu'il semble : M. Renouvier admet bien que l'*Achille* suppose le mouvement. M. Evellin l'admet d'une façon non moins formelle, puisqu'il reconnaît que « Zénon ne suppose le mouvement que pour en montrer l'absurdité. » Il l'admet même tellement que, à son avis, la course s'effectue d'une manière réelle, mais dans un espace différent de l'espace continu que nous nous représentons,

---

[1]. Remarquons en passant que ceci n'est déjà plus la *Dichotomie* qui prouverait, selon M. Renouvier, non pas qu'Achille n'atteindra jamais la tortue, mais qu'il ne parviendra jamais au point l'où elle est partie.

[2]. *Loc. cit.*

puisque, « si l'espace franchi par les deux coureurs était de même nature que l'étendue idéale, Achille devrait renoncer à atteindre la tortue [1]. »

Ainsi il est bien établi, et, sur ce point, nous sommes en droit de considérer l'accord comme unanime, que la *Dichotomie* a pour objet de prouver que l'on ne peut pas sans contradiction admettre la réalité du mouvement, et que l'*Achille* prétend démontrer que le mouvement étant supposé réel, le fils de Pélée courant après la tortue ne peut sans contradiction espérer jamais l'atteindre. Mais alors comment se fait-il que les deux arguments aient pu être considérés comme n'en faisant qu'un, et comme identiques pour le fond, quoique différents pour la forme?

Du reste nous devons reconnaître que cette façon d'interpréter l'*Achille* et la *Dichotomie* n'est pas particulière à MM. Renouvier et Evellin. La plupart des auteurs qui se sont occupés des arguments de Zénon n'y voient qu'un même argument sous différentes formes. C'est l'opinion expresse de Stuart Mill [2]. Mais en particulier, pour l'identité fondamentale de l'*Achille* et de la *Dichotomie,* on peut dire qu'il y a entre

1. *Loc. cit.*
2. *Examen de la philosophie d'Hamilton.* Trad. Cazelles, p. 521.

ces auteurs unanimité. Aristote est sur ce point parfaitement explicite : « L'argument de l'*Achille*, dit-il, est le même que celui de la division en deux parties, sauf qu'ici la grandeur donnée n'est point divisée de cette façon... dans l'un et dans l'autre, on soutient qu'il est impossible d'arriver au terme à cause de la divisibilité des grandeurs continues... et la solution est la même [1]. » Cette interprétation est également celle de tous les commentateurs anciens. M. Zeller, dont l'autorité est si considérable en pareille matière, l'accepte sans contestation [2].

En présence d'une aussi imposante unanimité, on sera certainement en droit de nous trouver hardi d'avoir osé prendre le parti contraire. Mais le moyen de résister à l'évidence, le moyen surtout de se mettre d'accord avec des adversaires qui ne sont pas d'accord avec eux-mêmes ? Du reste, parmi ces adversaires, le premier, le plus considérable, celui qui plus ou moins directement a inspiré tous les autres, Aristote abandonne lui-même l'opinion qu'il avait émise. « Les partisans de Zénon, dit-il, allèguent que les points intermédiaires entre deux extrêmes sont en nombre infini ; or il est impossible, de l'aveu de tout le monde, de parcourir des points

---

1. *Physique*, lib. VI, cap. XIV.
2. *Philosophie des Grecs*. Traduct. Boutroux, tome II, p. 78.

en nombre infini. Dans nos premiers écrits sur le mouvement, nous résolvions la difficulté en faisant observer que le temps renferme aussi des infinis, car il n'y a rien d'impossible à franchir un nombre infini de divisions de l'espace dans un nombre infini de divisions du temps. Mais cette solution est bonne pour la discussion: on discutait alors la question de savoir s'il est possible de franchir un nombre infini de divisions de l'espace dans un temps fini, [mais indéfiniment divisible]. Quant à la chose même et à la vérité, la raison n'est pas bonne. En effet, si quelqu'un laisse là et la ligne parcourue, et la question de traverser des infinis dans un temps fini, et porte la question sur le temps lui-même qui admet des divisions infinies, la solution ne vaut pas [1]. »

M. Renouvier qui cite comme nous ce passage n'a pas remarqué une chose, c'est qu'Aristote y maintient formellement son argumentation par rapport à l'*Achille,* et la retire non moins formellement par rapport à la *Dichotomie.* Dans un temps donné et fini la tortue aura franchi un certain espace: qu'Achille, dans le même temps, ait pu franchir cet espace, et de plus celui qui le séparait de la tortue au moment du

---

[1] *Physique,* lib. VIII, cap. XII.

départ, c'est ce que l'on a tort de contester suivant Aristote, si l'on admet d'une part que le mouvement peut se produire, de quelque façon que ce soit d'ailleurs, et d'autre part que le temps est indéfiniment divisible comme l'espace. Quant à la question de savoir comment un espace quelconque peut être franchi ou un temps quelconque passé, c'est autre chose, et la difficulté soulevée par Zénon subsiste tout entière. Telle est, à notre avis, la vraie et seule solution du problème. Si l'on admet le mouvement comme donné, on est mal fondé à prétendre qu'un espace continu ne peut être franchi dans un temps continu, et l'*Achille* a tort ; mais, si l'on soutient avec Aristote que le mouvement ne peut se produire absolument [1] dans un espace indéfiniment divisible, on est dans le vrai, et la *Dichotomie* a raison.

Ainsi Aristote renonce de lui-même à l'identification qu'il avait cru devoir établir entre les deux arguments ; car c'est bien nier l'identité de deux choses que de déclarer l'une des deux bonne et l'autre mauvaise. C'est donc à tort que l'on a voulu faire valoir en faveur de l'*Achille* les raisons très solides et très probantes qui

---

1. Ὁ γὰρ συνεχῶς κινούμενος κατὰ συμβεβηκὸς ἄπειρα διελήλυθεν, ἁπλῶς δ'οὔ. (*Ibid.*)

militent en faveur de la *Dichotomie*. Les deux
causes qu'on a confondues sont absolument distinctes. La *Dichotomie* rétablie dans ses droits
et débarrassée d'une accointance dangereuse a
pour elle l'assentiment d'Aristote, et, ce qui
vaut mieux encore, les excellentes raisons par
lesquelles ce même Aristote, et après lui MM. Renouvier et Evellin l'ont défendue sous un autre
nom; tandis que le pauvre *Achille,* absolument
nu et très vulnérable, demeure exposé sans
défense aux coups d'athlètes tels qu'Aristote,
Leibnitz, Stuart Mill, et tant d'autres.

V

Conclusion.

Nous ne discuterons pas à fond la *Dichotomie*, parce que nous l'avons fait ailleurs [1], et que de plus nous avons été conduit par le mouvement même de la discussion qui précède à produire des arguments qui doivent suffire pour en établir la valeur.

Concluons donc que la thèse de Zénon est vraie, du moins en partie, et qu'il a bien prouvé par la *Dichotomie* que le mouvement, absolument parlant, est impossible. Mais, s'il en est ainsi, comment se fait-il que la *Flèche* et l'*Achille* soient faux ? C'est que la thèse que soutient Zénon dans ces deux arguments est tout autre que celle de la *Dichotomie*, et que cette thèse est fausse. Dans la *Dichotomie* il est démontré, comme nous venons de le dire,

---

[1]. Voir notre *Essai sur les Formes a priori de la Sensibilité*, p. 32 et suiv.

que le mouvement ne peut exister d'une façon absolue, ce qui laisse intacte la question de savoir s'il ne peut pas être donné dans la représentation, et s'il n'est pas légitime à titre de simple apparence. Dans la *Flèche* et dans l'*Achille* au contraire, c'est à la représentation même que s'en prend Zénon. Ici il s'agit de prouver, non plus que la représentation ne répond à rien d'objectif et d'absolu, et que par conséquent le mouvement ne peut sans contradiction être considéré comme existant en soi, mais bien d'établir que la représentation est défectueuse en tant que représentation. Or c'est là un point de vue faux : la représentation est légitime en tant que représentation ; ce qui n'est pas légitime, c'est de la considérer comme autre chose qu'une représentation, et c'est la cause pour laquelle Zénon échoue.

Considérez en effet l'*Achille* : quel en est le sens, et que prétend-on y prouver ? C'est, comme nous l'avons dit déjà, que le mouvement, son existence objective une fois admise comme possible, n'est pas ce qu'il devrait être, puisqu'il devrait être tel qu'Achille courant après la tortue ne l'atteindrait jamais, tandis qu'en fait, et dans la réalité, il l'atteint très promptement. Mais la démonstration de cette thèse n'a pas été faite, nous l'avons vu encore, et ne pouvait pas l'être, parce qu'elle est erronée. Le mouvement une fois admis comme possible, — et c'est dans la représentation seulement que cette possibilité existe, — est tel qu'il doit être, et non pas autrement.

Si maintenant nous passons à la *Flèche*, nous voyons que le sens en est évidemment, que le temps et l'espace étant donnés respectivement, c'est-à-dire toutes les conditions du mouvement comme simple représentation étant supposées remplies, le mouvement est impossible encore. La *Flèche*, on le voit, se rapproche de la *Dichotomie*, en ce qu'elle nie le mouvement d'une manière absolue comme cette dernière ; mais elle en diffère en ce point essentiel que la *Dichotomie* nie le temps, l'espace, toutes les données de la représentation comme ayant une valeur objective et absolue, ce qui est vrai ; tandis que la *Flèche* accordant, ne fût-ce qu'à titre hypothétique et provisoire, l'existence absolue du temps et de l'espace, c'est-à-dire en somme les antécédents nécessaires et suffisants du mouvement, prétend nier ensuite le mouvement lui-même ; ce qui tend, comme il arrive dans l'*Achille*, à prendre en défaut la représentation en tant que représentation, tandis que, encore une fois, la représentation est ce qu'elle doit être, et n'est en rien contradictoire.

Une chose du reste prouve clairement combien peu Zénon entrevoyait le sens et la portée vraie de ses arguments contre le mouvement, et combien peu il se rendait compte de sa propre pensée. Dans la *Flèche*, ce qu'il entreprend d'établir, c'est, disons-nous, que le mouvement dans le temps et dans l'espace est impossible ; et, dans l'*Achille,* que s'il pouvait être, il devrait être autre qu'il n'est en réalité. Pour le premier de ces deux arguments, comme pour le second, il est donc nécessaire que Zénon conçoive le temps et l'espace comme réels et absolus. Que ce soit d'une façon hypothétique et à titre de simple concession provisoire, peu importe ; c'est bien sur la conception d'un temps et d'un espace réels qu'il raisonne. Mais, qu'il soit possible de concevoir le temps et l'espace comme tels, c'est précisément ce que nie la *Dichotomie,* puisque les parcourir et les composer étant en somme une seule et même chose, la *Dichotomie* qui les montre imparcourables prouve par cela même qu'ils ne peuvent être composés, ni par conséquent supposés réels, à quelque titre que ce soit[1]. Ainsi la *Flèche* et l'*Achille* vont direc-

---

[1]. A supposer le temps et l'espace réels, on s'oblige à les composer, disons-nous, et c'est pour cela, nous pouvons le dire maintenant, que nous n'avons pas admis l'interprétation de M. Renouvier prétendant que dans l'*Achille* le temps est pris comme continu. Que le temps et l'espace représentatifs soient continus,

tement à l'encontre de la *Dichotomie,* puisqu'ils supposent possible ce que la *Dichotomie* avait démontré absurde, ce qui ne laisse pas d'être assez singulier chez un logicien qu'on prétend si exact. Ajoutons que ces deux arguments manquent absolument de base, du moment qu'ils reposent sur une hypothèse qui ne peut pas légitimement être faite.

La conclusion qui ressort de tout ceci, c'est que le problème posé par Zénon ne pouvait être utilement traité et définitivement résolu avant l'apparition de la *Critique* de Kant. La solution de ce problème, c'est, comme nous l'avons vu, que le mouvement tel qu'il nous est donné dans la représentation est absolument ce qu'il doit être, vu la nature du temps et de l'espace dans lequel il se produit ; mais qu'il y a une contradiction positive à considérer le mouvement, et aussi le temps et l'espace, comme des choses en soi, et comme pouvant exister indépendamment de la représentation. Mais, pour arriver à ce résultat, il était nécessaire que le préjugé naturel qui nous fait considérer les choses comme existant en soi, et la pensée comme en étant l'expression adéquate et la reproduction fidèle,

---

soit ; mais le temps et l'espace absolus, — que ce soit à titre réel ou à titre provisoire, peu importe, — ont besoin d'être composés, puisqu'ils sont divisibles.

fût signalé et détruit plus radicalement qu'il ne put l'être, — postérieurement à Zénon, du reste, — par les Démocrite, les Protagoras et leurs successeurs. Que Zénon ait échoué dans sa tentative, il n'y a donc pas lieu de lui en faire un reproche. Cependant, sans vouloir le rabaisser plus qu'il ne convient, nous pensons qu'il y a exagération dans l'estime que lui ont accordée, comme dialecticien, plusieurs philosophes modernes. A tout bien prendre, de ses quatre arguments contre le mouvement, l'un est tout à fait absurde, et ne mérite pas même d'être réfuté ; deux autres sont faux, et l'on est en droit de s'étonner qu'ils aient pu faire illusion à un si grand nombre de penseurs éminents ; le quatrième seul est vrai, mais il a un tout autre sens et une tout autre portée que ne le supposait son auteur. Il est évident en effet que Zénon pensait avoir démontré par sa *Dichotomie* que le temps dans lequel il vivait, que l'espace et le mouvement qu'il voyait de ses yeux étaient choses contradictoires, tandis qu'en réalité il avait établi que toutes ces choses sont de pures données de la représentation, et n'ont point de réalité objective et absolue ; c'est-à-dire qu'il avait prouvé la thèse de Kant.

Du reste, quel qu'ait été le succès de sa tentative, son mérite n'en reste pas moins grand, pour avoir le premier entrevu et abordé des questions si considérables, et il est impossible de ne pas souscrire, sur ce point, au jugement que porte M. Zeller dans les termes suivants:

« Les arguments de Zénon soulèvent de nouveaux problèmes, qui s'imposeront désormais à toute philosophie désireuse de rendre compte des phénomènes. L'impossibilité apparente de résoudre ces problèmes a pu, tout d'abord, fournir un point d'appui commode à la négation sophistique de la science. Mais, dans la suite, la spéculation platonicienne et aristotélicienne a trouvé là un stimulant pour entreprendre des recherches plus profondes. Enfin les métaphysiciens postérieurs eux-mêmes se sont toujours vus forcés de revenir aux problèmes que Zénon avait le premier soulevés. Et ainsi, quelle que soit la valeur que nous accordions aux résultats immédiats de la dialectique de Zénon, nous devons reconnaître qu'elle tient une place considérable dans l'histoire de la science[1]. »

1. *Philosophie des Grecs*, Trad. Boutroux, tome II, p. 84.

FIN.

TABLE

Chap. I. — Le stade.................................... 5

Chap. II. — La flèche qui vole..................... 9

Chap. III. — L'Achille................................. 18

Chap. IV. — L'Achille et la Dichotomie 28

Chap. V. — Conclusion 38

Ancienne librairie Germer Baillière

FÉLIX ALCAN, éditeur

Bain. — *Des Sens et de l'Intelligence.* Un vol. in-8° de la Bibliothèque contemporaine .... 10 fr.

Bain. — *L'Esprit et le Corps.* Un vol. in-8° de la Bibliothèque scientifique internationale .... 6 fr.

Bernstein. — *Les Sens.* 3° édition. Un vol. in-8° avec 91 figures, de la Bibliothèque scientifique internationale .... 6 fr.

Delbœuf. — *Psychophysique. Mesure des sensations de lumière et générale de la Sensibilité.* Un vol. in-18, 1883 .... 2 fr. 50

Delbœuf. — *Examen critique de la loi psychophysique, sa base et sa signification.* Un vol. in-18, 1883 .... 3 fr. 50

L. Dumont. — *Théorie scientifique de la Sensibilité.* 2° édition. Bibliothèque scientifique internationale .... 6 fr.

Haeckel. — *Psychologie cellulaire.* Un vol. in-18 de la Bibliothèque de philosophie contemporaine ....

Al. Herzen. — *Physiologie de la volonté.* Un vol. in-18 de la Bibliothèque de philosophie contemporaine .... 2 fr. 50

A. Laugel. — *La Voix, l'Oreille et la Musique.* Un vol. in-18 de la Bibliothèque de philosophie contemporaine ....

A. Laugel. — *L'Optique et les Arts.* Un vol. in-18 de la Bibliothèque de philosophie contemporaine .... 2 fr. 50

A. Lemoine. — *De la Physionomie et de la Parole.* Un vol. in-18 de la Bibliothèque de philosophie contemporaine ..... 2 fr. 50

A. Lemoine. — *L'Habitude et l'Instinct.* Un vol. in-18 de la Bibliothèque de philosophie contemporaine .... 2 fr. 50

Lotze. — *Psychologie physiologique.* Un vol. in-18 de la Bibliothèque de philosophie contemporaine .... 2 fr. 50

Luys. — *Le Cerveau et ses fonctions.* 4° édition. Un vol. in-8° avec figures, de la Bibliothèque scientifique internationale .... 6 fr.

Maudsley. — *Le Crime et la Folie.* 4° édition. Un vol. in-8° de la Bibliothèque scientifique internationale .... 6 fr.

Maudsley. — *La Pathologie de l'Esprit.* Un vol. in-8° de la Bibliothèque de philosophie contemporaine .... 10 fr.

Th. Ribot. — *Les Maladies de la Volonté.* Un vol. in-18 de la Bibliothèque de philosophie contemporaine .... 2 fr. 50

Th. Ribot. — *Les Maladies de la Mémoire.* Un vol. in-18 de la Bibliothèque de philosophie contemporaine .... 2 fr. 50

Rosenthal. — *Les Nerfs et les Muscles.* 2° édition. Un vol. in-8° de la Bibliothèque scientifique internationale, avec 75 fig. .... 6 fr.

James Sully. — *Les Illusions des sens et de l'esprit.* Un vol. in-8° de la Bibliothèque scientifique internationale .... 6 fr.

Preyer. — *Éléments de physiologie,* traduit de l'allemand par M. Jules Soury. Un vol. in-8° de la Bibliothèque de philosophie contemporaine .... 5 fr.

Guyau. — *Les problèmes de l'esthétique contemporaine.* Un vol. in-8° de la Bibliothèque de philosophie contemporaine .... 5 fr.

www.ingramcontent.com/pod-product-compliance
Lightning Source LLC
Chambersburg PA
CBHW070703050426
42451CB00008B/481